Fritz Emonts

Europäische Klavierschule
The European Piano Method
Méthode de Piano européenne

Illustration: Andrea Hoyer
Band 1 / Volume 1
ED 7931

plus CD: ED 7931-50
CD 1 separat: T 3321

www.schott-music.com

Mainz · London · Berlin · Madrid · New York · Paris · Prague · Tokyo · Toronto
© 1992 SCHOTT MUSIC GmbH & Co. KG, Mainz · Printed in Germany

Inhalt   Contents   Contenu

Bestellnummer: ED 7931
ISBN 978-3-7957-5002-2
ISMN 979-0-001-08201-3

plus CD: ED 7931-50
ISBN 978-3-7957-5435-8
ISMN 979-0-001-12471-3

CD 1 separat: T 3312

Illustrationen: Andrea Hoyer
Layout: H. J. Kropp
Lektorat: Dr. Rainer Mohrs
Englische Übersetzung: Wendy Lampa / Gerhard Weidemann
Französische Übersetzung: Pascal Huynh
© 1992 Schott Music GmbH & Co. KG, Mainz
CD: P and © 1998 Schott Wergo
Music Media GmbH, Mainz, Germany
Printed in Germany · BSS 47368

Die Track-Nummern der CD entsprechen der Reihenfolge der Stücke. Beispiel: Stück Nr. 35 = Track 35

The track numbers of the CD correspond to the order of the pieces in this edition. Example: piece no. 35 = track 35.

Les numéros des pistes du CD correspondent à l'ordre des morceaux dans le présente édition.
Exemple: morceau no. 35 = piste 35.

Ausgezeichnet mit dem Deutschen Musikeditions-Preis 1993

DEUTSCHER MUSIK EDITIONSPREIS

Vorwort

Musik ist eine Sprache, die alle Menschen verstehen. Angesichts des Zusammenwachsens der Europäischen Gemeinschaft erscheint es mir wichtig, dass unsere Kinder auch in ihrer musikalischen Ausbildung die Kultur anderer Länder kennen lernen. Daher war es mein besonderes Anliegen, viele Lieder und Stücke aus allen Teilen Europas mit einzubeziehen. Wegen Platzmangel war es allerdings nicht möglich, die Texte in alle europäischen Sprachen zu übersetzen.

Die natürlichste Art, die Beziehung des Kindes zum Instrument herzustellen und zu fördern, besteht in der Anregung, alle Melodien, die das Kind bereits in sich aufgenommen hat, auf der Tastatur zu finden und nach Gehör zu spielen. Nicht nur Kinder- oder Volkslieder sind dafür geeignet, sondern auch andere Melodien, die man in der Schule, im Elternhaus, in der Kirche, im Radio oder Fernsehen kennen gelernt hat.

Vom Singen und Hören zum Spielen – dieser natürliche Vorgang bildet eine wichtige Grundlage für die Entwicklung der Hörfähigkeit und der Musikalität. Ein Leben mit einem Instrument sollte nie aufhören, alles Gehörte auf dem Instrument nachzuvollziehen!

Parallel dazu soll zu Beginn die ganze Klaviatur „ertastet" und „abgelauscht" werden, von den tiefsten bis zu den höchsten Lagen! Der junge Spieler soll bereits ein vertrautes Kontaktgefühl zur Tastatur haben, bevor das Spiel mit dem komplizierten Vorgang des Notenlesens verbunden wird. Der Beginn mit schwarzen Tasten gibt eine besonders gute Möglichkeit, die Anordnung der Tastatur greifend zu „begreifen". Auch für improvisierte Tonfolgen bildet die pentatonische Reihe der schwarzen Tasten zunächst eine leichter zu handhabende Möglichkeit als die Diatonik der weißen Tasten. Aus diesem Grunde wurde in der neuen Fassung der Klavierschule als Vorspann das Kapitel „Erstes Spiel mit schwarzen Tasten" vorangestellt. Hier erhält besonders der Lehrer Anregungen, wie er die Vertrautheit der Anfänger mit der Tastatur entwickeln kann. Ein Vorteil dieses Beginns liegt auch darin, dass die Bewegungsfunktionen nicht nur von den Fingern, sondern vom größeren Spielapparat der Arm- und Körperbewegungen ausgehen. Damit werden Verkrampfungen vermieden! Die Noten bis zur Seite 29 sind mehr für den Lehrer gedacht, der die Übungen vorspielt. Der Schüler spielt auswendig, nicht nach Noten.

Für das Spiel mit Noten ist der bisherige Lehrstoff beträchtlich erweitert worden. Die größere Seitenzahl dieser Neufassung setzt das bisherige Ziel nicht höher an, sondern macht den Weg dorthin leichter und sicherer durch ein größeres Angebot von Spiel und Übung.

Das vorgeschaltete Spiel auf schwarzen Tasten kann eventuell bei solchen Anfängern ausgelassen werden, die bereits auf andere Weise in die Musik eingeführt wurden. Der Lehrer findet in diesem Kapitel verbale Anregungen für seinen Unterricht, die im weiteren Verlauf des Spiels mit Noten seltener werden, um den individuellen Spielraum nicht einzuschränken.

Die Anregungen für Improvisation und Liedbegleitung, die ich in der Einleitung („gelbe Seiten") gebe, müssen nicht allesamt vor dem „Spiel nach Noten" behandelt werden, sondern können nach und nach in den Unterricht einfließen. Als Ergänzung zu dieser Klavierschule erschienen vom gleichen Verfasser Beihefte zu 2 und zu 4 Händen, durch die der Spielstoff musikalisch und technisch ergänzt werden kann.

Fritz Emonts

Preface

Music is the language which all people understand. In view of the growing together of the European Community, I think it is important that our children become acquainted with the culture of other countries through their musical education. It was therefore my concern to include many songs and pieces from allparts of Europe. Due to a lack of space, however, it has not been possible to translate the texts into all European languages. The most natural way of creating and nurturing the relationship of a child with an instrument is to stimulate and encourage the child to find on the keyboard, and to play by ear, all the tune he or she has so far assimilated. Not only children's songs or folk songs are suitable for this but also other melodies that may be heard at home, at school, in church, on the radio and on television. The natural progression, from singing and listening to playing, forms the foundation for the development of listening ability and musicality. During a lifetime with an instrument one should always try to replay on it everything that one has heard. The child should, at the same time, be made familiar with the whole keyboard by touch as well as by ear, from the lowest register to the highest. The young player should already have a feeling of contact with the keyboard before piano playing is combined with the complicated process of reading music. Playing only on the black keys to begin with will offer a particularly good opportunity to grasp the arrangement of the keys by (literally) 'grasping'. For improvised melodies, too, the pentatonic scale formed by the black keys is easier to handle at the beginning stages than the diatonic scale of the white keys. For this reason, an introductory section 'Playing with the Black Keys' has been included in this new edition of the Piano Method. Here the teacher, through such material, should encourage the beginner to become familiar with the keyboard. Another advantage in beginning this way lies in the fact that training the functions of the motorial system does not only start within the narrow stretch of the fingers but within the larger playing apparatus of the arms and the whole body. In this way cramp can be avoided. Up to page 29 the printed music is intended primarily for the teacher who will play through the exercises. The pupil plays from memory rather than from the book.

The musical material has now been considerably extended. The greater number of pages in this new edition does not mean, however, that it is now more difficult to achieve the aim: rather, the process has been made easier and more secure by providing more material for playing and practising.

In the section 'Playing from printed music', the introductory section 'Playing with the Black Keys' may be omitted if a beginner has already been introduced to music in another way. In this section the teacher will find written teaching suggestions, which, in order to avoid any restriction of individual scope, will occur less frequently within the course of playing with music.

The suggestions for improvisation and song accompaniment given at the beginning (on the 'yellow pages') should not necessarily be dealt with all at once before the chapter 'Playing from Printed Music' but should rather be gradually incorporated into lessons.

In addition to this piano method, a supplement by the same author has been published with pieces for two and four hands, which completes the material both musically and technically.

Fritz Emonts

Avant-propos

La musique est un langage que tous les hommes comprennent. Face à la consolidation de la Communauté européenne, il m'a paru important que nos enfants puissent connaître la culture d'autres pays également par le biais de la formation musicale. J'ai donc voulu incorporer de nombreuses chansons et pièces de tous les coins d'Europe. Par manque de place, il nous était toutefois impossible de traduire les textes dans toutes les langues européennes.

La manière la plus naturelle de mettre un enfant en contact avec un instrument et de poursuivre cette relation avec lui est de le stimuler et de l'encourager à jouer d'oreille toutes les mélodies qu'il a déjà enregistrées, par exemple de les retrouver sur les touches. Il n'y a pas seulement que les chansons enfantines ou les chansons populaires qui se prêtent à cela, mais également d'autres mélodies susceptibles d'être entendues à la maison, à l'école, à l'église, à la radio et à la télévision. Chanter, écouter, jouer: ce processus naturel constitue une base importante dans le développement de la capacité de perception et de la musicalité. On ne devrait jamais cesser, tout au long de sa vie, de rejouer sur son instrument tout ce qu'on a entendu.

En même temps, l'enfant doit être familiarisé avec la totalité du clavier en le touchant aussi bien qu'en écoutant, du registre le plus grave au registre le plus aigu. L'idée que le jeune exécutant doit ressentir un contact avec le clavier avant même de jouer du piano se combine avec le processus compliqué de la lecture des notes. Commencer par jouer seulement sur les touches noires donnera une bonne chance de «saisir» l'ordonnance des touches. Pour les mélodies improvisées également, l'échelle pentatonique des touches noires est au début plus facile à négocier que l'échelle diatonique des touches blanches. C'est pourquoi un chapitre d'introduction intitulé «Premier jeu sur les touches noires» a été place au début de cette nouvelle édition de l'école de piano. Le professeur trouvera spécialement ici quelques suggestions pour familiariser le débutant avec le clavier. Un autre avantage de cette manière de débuter réside dans le fait que les fonctions de déplacement ne partent pas seulement de la portée limitée du doigt, mais d'un plus grand appareil basé sur les mouvements du bras et du corps. Grâce à cela, les crampes seront évitées.

Jusqu'à la page 29, les notes sont d'avantage destinées au professeur qui joue d'abord les exercices. L'élève joue de mémoire et non d'après les notes.

Pour l'exécution fondée sur les notes, le matériau antérieur a été considérablement élargi. Néanmoins, le nombre important de pages de cette nouvelle édition ne signifie pas qu'il soit maintenant plus difficile d'atteindre cet objectif; le parcours a été rendu plutôt plus facile et plus sécurisant par l'apport de matériel supplémentaire pour l'exécution et la pratique.

Le chapitre introductif concernant le jeu sur les touches noires peut être laisse de côté si un débutant a déjà été familiarisé d'une autre manière avec la musique. Le professeur trouvera dans ce chapitre des suggestions verbales pour son enseignement; elles apparaîtront plus rarement dans l'évolution ultime de l'exécution avec les notes, afin de ne pas limiter l'initiative individuelle.

Avant le chapitre consacré à l'exécution fondée sur les notes, il est recommandé de ne pas épuiser la totalité des suggestions données dans l'introduction («pages jaunes») qui concernent l'improvisation et l'accompagnement de la chanson. Elles peuvent au contraire se révéler utiles tout au long de la leçon. Comme additif à l'école de piano, un supplément dû au même auteur a été publié avec des pièces pour deux et quatre mains qui complètera le matériel au niveau musical et technique.

Fritz Emonts

Premessa

La musica è il linguaggio che tutti gli uomini possono comprendere. In considerazione del crescente sviluppo della Comunità Europea ritengo importante che i nostri giovani, anche nel quadro della loro formazione musicale, abbiano l'opportunità di entrare in contatto con la cultura degli altri paesi. Per questo ho voluto inserire numerosi canti e brani musicali provenienti da ogni parte d'Europa; non è stato purtroppo possibile, per problemi di spazio, fornire la traduzione dei testi in tutte le lingue europee.

Il modo più naturale per creare e sviluppare un buon rapporto fra il bambino e lo strumento consiste nello stimolare l'allievo a ritrovare sulla tastiera e suonare a orecchio tutte le melodie che egli ha già assimilato. A questo scopo sono adatti non solo i canti popolari o le canzoni per bambini, ma più generalmente anche altre melodie sentite a scuola, a casa, in chiesa, alla radio o alla televisione. Il naturale processo che porta dal canto e dall'ascolto all'esecuzione costituisce una base fondamentale per lo sviluppo della capacità percettiva e della musicalità: nella nostra vita con lo strumento non dovremmo mai cessare di realizzare con esso tutto ciò ehe abbiamo sentito. Parallelamente la tastiera dovrebbe in un primo tempo essere "esplorata", toccando e ascoltando, dal registro più grave al più acuto.

Prima di porre in rapporto l'esecuzione con il complicato processo di lettura del testo musicale, il giovane esecutore dovrebbe già avere sviluppato una sensazione di confidenza con la tastiera. Iniziare a suonare solo sui tasti neri offre una possibilità particolarmente significativa di "afferrare" (anche in senso letterale) l'organizzazione della tastiera. Anche per l'improvvisazione di melodie la scala pentatonica sui tasti neri si presenta, in una prima fase, più semplice da trattare della scala diatonica sui tasti bianchi. Per questo motivo nella nuova edizione della Scuola del pianoforte è stato inserito il capitolo introduttivo "Playing with the Black Keys" (Primi passi sui tasti neri). Qui si offrono soprattutto all'insegnante spunti per sviluppare la confidenza del principiante con la tastiera. Un vantaggio di questo approccio è costituito anche dal fatto che le funzioni motorie non sono limitate alle dita, ma coinvolgono i movimenti del braccio e dell'intero corpo: in questo modo si eviteranno tensioni eccessive. I testi musicali fino a pagina 29 sono pensati essenzialmente per l'insegnante: egli li farà ascoltare all'allievo, il quale poi li suonerà a memoria, non leggendo.

Il materiale musicale destinato all'esecuzione con lettura è stato notevolmente ampliato. Il considerevole aumento di pagine di questa nuova edizione non è comunque determinato dall'intento di raggiungere traguardi più elevati, bensì si propone di rendere più agevole e più sicuro il percorso, con l'offerta di un più ricco materiale per lo studio e l'esecuzione. Il capitolo introduttivo sui tasti neri potrà eventualmente essere tralasciato da quei principianti che si siano già accostati allo studio della musica per altra via. In questa sezione l'insegnante troverà alcuni suggerimenti verbali per la sua lezione, suggerimenti che, per non limitare l'autonomia di ciascuno, si faranno via via più rari con il crescere delle esecuzioni di brani musicali scritti.

Le proposte di improvvisazione e accompagnamento di melodie, collocate all'inizio del libro (nelle "pagine gialle"), non dovranno essere utilizzate integralmente prima di affrontare i brani musicali scritti ("Playing from printed music"), ma potranno piuttosto essere inserite progressivamente nelle lezioni.

In aggiunta a questo metodo per pianoforte sono disponibili ulteriori volumi a 2 e 4 mani dello stesso autore, ehe offrono materiali complementari sia sul piano musicale sia su quello tecnico.

Fritz Emonts

Prefacio

La música es el idioma que todo el mundo entiende. Con vistas al crecimiento conjunto de la Comunidad Europea, creo que es muy importante que nuestros hijos conozcan la cultura de otros países a través de su formación musical, por ello, mi interés en incluir canciones y composiciones de todos los paises Europeos. Debido a la falta de espacio, no ha sido posible traducir los textos a todos los idiomas Europeos.

El camino más natural para establecer y fomentar la relación del niño con el instrumento, consiste en estimularle para que encuentre en el teclado todas las melodias que ya conoce y que las toque de oido. Para este fin, no solo son adecuadas las canciones infantiles o las canciones folklóricas, sino que también lo son, otras melodías que puedan ser escuchadas en casa, el colegio, la radio o la televisión.

La progresión que se produce desde que se escucha y canta una canción, hasta que se toca, es la base para que se desarrolle el oído y la musicalidad. Cuando se utiliza un instrumento, siempre se debe intentar repetir lo que se ha escuchado.

El niño debe, al mismo tiempo, familiarizarse con todo el teclado, desde la nota más baja a la más alta, tanto de oído como por el tacto. El jóven intérprete debe familiarizarse con el teclado antes de empezar a combinar la interpretación con el difícil proceso de la lectura de la música. Al principio, es aconsejable tocar solamente las teclas negras, ya que esto ofrecerá una buena oportunidad para comprender ("captar") la disposición de las teclas blancas. Para melodías improvisadas, es más fácil tocar al principio la escala pentatónica integrada por las teclas negras, que la escala diatónica de las teclas blancas. Por esta razón, se ha incluido en esta nueva edición el Método de Piano, una introducción titulada "Playing with the Black Keys" (Tocando con las teclas negras). El profesor, a través de este material, conseguirá que el alumno se familiarice con el tecla-do. Otra de las ventajas que se conseguirán con este sistema, consiste en que no solo se entrena el sistema locomotor de los dedos, sino tambien de los brazos y otras partes del cuerpo que intervienen en los movimientos necesarios para pulsarel tecla-do. Deestaforma, se evitan los agarrotamientos musculares. Las notas, hasta la página 29 están pensadas principalmente para el profesor, el cual enseñará los ejercicios tocándolos. El alumno los tocará de memoria, sin utilizar la partitura.

El material musical se ha ampliado considerablemente, sin que esto suponga que sea más difícil conseguir el objetivo, puesto que al simplificarse y fortalecerse el proceso de aprendizaje se aporta una mayor diversidad de ejercicios y obras musicales para que puedan practicarse y tocarse.

La introducción titulada "Playing with the Black Keys" (Tocando con las Teclas Negras) de la sección "Playing from printed music" (Tocando de la partitura), podría omitirse si el alumno ya tiene conocimientos musicales. En esta sección, el profesor encontrará ejemplos, los cuales, serán menos frecuentes, conforme vaya avanzando el curso tocando con la música, a fin de evitar cualquier limitación en la iniciativa individual. El contenido de las "páginas amarillas" de la Introducción, cuya finalidad es motivar la improvisación y el acompañamiento del canto, no se ha de tratar obligatoriamente en su totidad antes del "Playing from printed music", sino que es posible su utilización fragmentaria para que su influencia se haga notar a lo largo de todo el curso.

De este mismo autor, como ampliación a este metodo, se ha publicado un suplemento. Este suplemento, que contiene obras para 2 y 4 manos, completa tanto el material musical como el técnico.

Fritz Emonts

Erstes Spiel mit schwarzen Tasten

Playing with Black Keys • Premier jeu avec les touches noires

Die Zweier

Groups of Two • Les doubles

Auf und ab über die ganze Klaviatur, dabei nicht sitzen, sondern mitgehen!
Spiele laut und leise, kurz und lang, auch mit Pedal.

Up and down the whole keyboard. Do not sit still – keep walking along!
Play loudly and softly, long and short, and with the pedal.

En montant et descendant le clavier entier. Ne pas s'asseoir immobile – bouger!
Joue fort et doucement, court et long, également avec la pédale.

1. Cluster

2. Einzeltöne / Single Notes / Notes simples

L = linke Hand
= left hand
= main gauche

R = rechte Hand
= right hand
= main droite

8

Die Dreier
Groups of Three · Les triplets

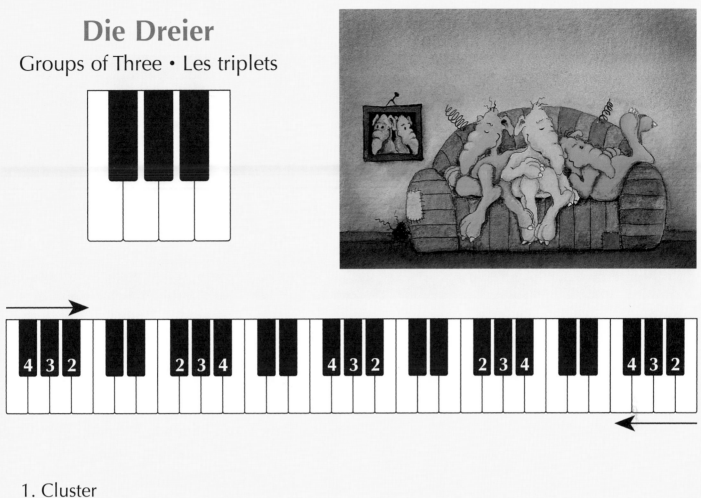

1. Cluster

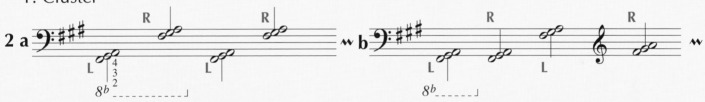

Rhythmische Varianten / Rhythmic variations / Variantes rythmiques

2. Einzeltöne / Single Notes / Notes simples

Rhythmische Varianten / Rhythmic variations / Variantes rythmiques

2 + 3 = 5

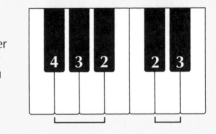 oder
or
ou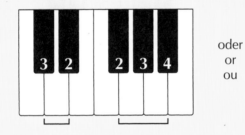

1. Cluster

2. Einzeltöne / Single Notes / Notes simples

Erfinde rhythmische
Varianten.

Try to invent rhythmic
variations.

Essaie de trouver des
variantes rythmiques.

Stücke für zwei Spieler

Pieces for Two Players • Pièces à jouer à deux

Jumbo tanzt Walzer   Jumbo Dances a Waltz   Jumbo danse une valse

Puppe und Hampelmann   Doll and Jumping Jack   Poupée et pantin

Secondo (Vorspiel / Introduction ad lib.)

staccato

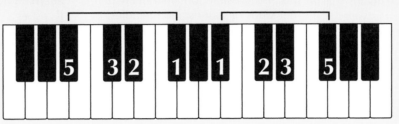

Glockenspiel
Chimes · Carillon

Helle Glocken	High Chimes	Carillon aigu

Helle Glocken,
beide Hände eine Oktave höher

High chimes,
both hands one octave higher

Carillon aigu,
les deux mains une octave plus haut

Tiefe Glocken	Low Chimes	Carillon grave

Linke Hand eine Oktave tiefer,
Pedal in jedem Takt wechseln.

Left Hand one octave lower,
change right pedal for each bar.

La main gauche une octave plus bas,
changer la pédale de droite pour
chaque mesure.

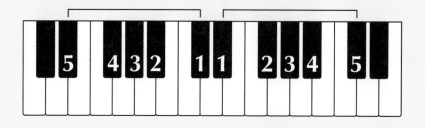

Größere Kinderhände können alle 5 Töne der schwarzen Tonleiter spielen und diese pentatonische Leiter im Wechselspiel der Hände über die ganze Klaviatur laufen lassen.
Man kann aber auch Klänge und Melodien erfinden. Hier gibt es viele Möglichkeiten wie zum Beispiel das folgende Stück zeigt.

Children with larger hands can play all 5 notes of the scale on black keys. They may run along this scale across the whole keyboard with both hands alternating.
It is also possible to invent many different kinds of sounds and melodies, as is shown in the following piece.

Les enfants ayant des mains plus grandes peuvent jouer les 5 notes de la gamme des touches noires. Ils peuvent bouger le long de cette gamme d'une côté à l'autre du clavier entier en alternant avec les deux mains.
Ils est également possible d'inventer de nombreuses sonorités et mélodies différentes, comme le súggère la pièce suivante.

Hirtenflöte und Schalmei

Shepherd's Whistle and Shawm · Flûte der berger et chalemie

liegen lassen / keep keys pressed down / laisser enforcées les touches

Melodie um 4 Takte ergänzen
Add 4 bars to the melody
Ajouter 4 mesures à la mélodie

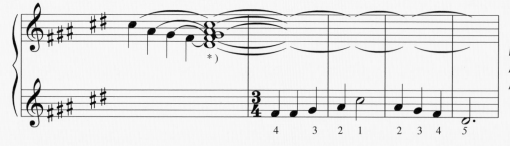

Melodie um 4 Takte ergänzen
Add 4 bars to the melody
Ajouter 4 mesures à la mélodie

Linke Hand eine Oktave tiefer, rechte Hand eine Oktave höher. Das rechte Pedal bleibt von Anfang bis zum Schluss niedergedrückt.

*) Der 5. Ton kann bei kleinen Händen weggelassen werden.

Left Hand one octave lower, right hand one octave higher. Press right pedal down from beginning to end.

*) If your hands are too small, leave out the fifth note

Main gauche une octave plus bas, main droite une octave plus haut. Mettre la pédale de droite du début à la fin.

*) La 5ième note peut être abandonnée en cas de mains plus petites.

14

3 Weiße und 3 Schwarze
3 White and 3 Black Keys
3 touches blanches et 3 touches noire

Über die ganze Klaviatur, in Clustern und in Einzeltönen (Ganztonleiter)	Across the whole keybord, with clusters and with single notes (whole-tone scale)	D'un côté à l'autre du clavier entier, avec des clusters et des notes simples (gamme entière)

## Melodie und Klang	## Melody and Sound	## Mélodie et sonorité

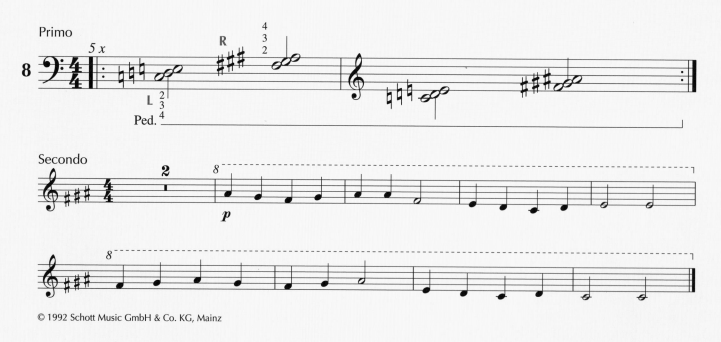

Erfinde eine eigene Melodie.	Try to invent your own melody.	Essaie de trouver ta propre mélodie.

Dr. Faust's Jux mit schwarzen Tasten
Having Fun with Black Keys
Farce sur les touches noires

A Refrain

mit der Faust spielen / play with your fist / jouer avec ton poing

B Couplet 1

D.C.

C Couplet 2

D.C.

D Couplet 3

Reihenfolge / pattern / modèle: ||: A :|| B - A - C - A - D - A

D.C.

Secondo

Refrain (mit 2 Händen / with 2 hands / à deux mains)

Spielen nach Gehör
Playing by Ear · Jouer d'oreille

Spiele nach und nach alle Melodien, die du kennst, nach dem Gehör, ohne Noten! Das ist der natürlichste Weg, das musikalische Gehör zu bilden. Als Starthilfe wurden Lieder aus verschiedenen Ländern ausgewählt: Lieder im Fünftonraum, die sich leicht mit 5 Fingern spielen lassen, Lieder im erweiterten Ton-Raum, zu denen sich leicht ein passender Fingersatz finden lässt. (Es ist aber auch möglich, diese Lieder erst zu spielen, wenn das Spiel nach Noten den Fünftonraum überschritten hat.) Spiele alle Lieder auch mit der linken Hand sowie in mehreren Tonarten.

An einigen Beispielen wird gezeigt, wie man zu den Liedern eine leicht spielbare Begleitung finden kann.

Try, gradually, to play by ear all the melodies you know, without music. It is the most natural way to train your musical ear. In order to give you a start, tunes from different countries have been chosen for you: melodies within a range of only 5 notes, which can easily be played with 5 fingers; melodies using a wider range of notes, for which a suitable fingering can easily be found. (Alternatively, you could attempt these songs once you have gone beyond playing within the five-note range.) Play all tunes with your left hand as well as with your right hand and also in several different keys.

Some examples are given to show you how to invent easy accompaniments to the tunes.

Essaie peu à peu de jouer d'oreille toutes les mélodies que tu connais, sans l'aide des notes! C'est le moyen le plus naturel de faire travailler ton oreille musicale. De manière à te donner un début, des chansons de pays differents ont été choisies: des mélodies comprenant une échelle de seulement 5 notes qui peuvent être facilement jouées avec 5 doigts; des mélodies utilisant une échelle étendue de notes pour lesquelles un doigté adéquat peut facilement être trouvé. (Mais il est aussi possible de jouer d'abord ces chansons si l'exécution d'après les notes à dépassé l'espace des cinq sons). Joue toutes les chansons avec ta main gauche aussi bien qu'avec ta main droite, ainsi que dans plusieurs tonalités différentes.

Pour certains exemples, on te montre comment trouver un accompagnement pour les airs faciles à jouer.

Lieder im Fünfton-Raum
Tunes in the 5-Note Range
Chansons à 5 sons

Ist ein Mann in' Brunn' gefallen

Deutschland

Ist ein Mann in' Brunn' ge-fal-len, hab' ihn hö-ren plump-sen,
wär er nicht hin-ein-ge-fal-len, wär er nicht er-trun-ken.

Kuckuck, Kuckuck

Ku-ckuck, ku-ckuck, ruft's aus dem Wald. Las-set uns sin-gen,
tan-zen und sprin-gen! Früh-ling, Früh-ling wird es nun bald!

Winter ade

Win-ter, a-de! Schei-den tut weh. A-ber dein Schei-den_ macht,
dass mir das Her-ze_ lacht. Win-ter, a-de! Schei-den tut weh.-

Merrily We Roll Along

England

Mer-ri – ly we roll a-long, roll a-long, roll a-long. Mer-ri – ly we roll a-long o'er the deep blue sea.

Little Bo-Peep

USA

Lit – tle Bo – Peep has lost her sheep and does-n't know where to find them,

leave them a – lone and they'll come home bring-ing their tails be – hind them.

Girls and Boys Come Out to Play

England

Girls and boys, come out to play. The moon does shine _ as bright as day;

Leave your sup – per and leave your sleep, Come to your play-fel – lows in the street.

France

Allons à Bordeaux

Al - lons à Bor - deaux, ma - mie Jean - net - te, al - lons à Bor - deaux, quand il fait beau.

C'est le roi Dagobert

Dt. Text: F. E.

C'est le roi Da - go - bert qui met sa cu - lotte à l'en - vers. - vers. Le grand
Dem Kö - nig Da - go - bert, dem sitzt sei - ne Ho - se ver - kehrt. - kehrt. Sankt E-

Saint E - loi lui dit: »Ô, mon roi, vot - re ma - jes - té est mal cu - lot - tée! «C'est
- li - gius sprach: „Lie - ber Kö - nig, ach, Eu - re Ma - jes - tät trägt die Hos' ver - dreht!" Der

vrai« lui dit le roi, »je vais la re - mettre à l'en - droit.«
Kö - nig sprach: „Wie dumm, da zieh' ich mich gleich wie - der um."

Prends garde au loup, bergère

Prends gard' au loup, ber - gè - re, prends gard' au loup! Il est au bois qui re-

- gar - de, qui re - gar - de. Il est au bois qui re - gar - de les mou - tons.

Fünftonlieder aus weiteren Ländern
5-Note Tunes from Other Countries
Chansons de 5 notes d'autres pays

Russischer Tanz — Russian Dance — Danse russe

Der Meyen

Schweiz / Switzerland / Suisse

Der Mey-en isch kom-me, u das isch ja wahr, es __ grü-net jetz al-les i Laub un __ i __

Gras.
Nu tanz, __ nu tanz, I Laub un i Gras Sy der Blüst-li so viel, drum tan-zet s'Ma-reie-li im Sai-te-spiel.
Ma-rei-e-li tanz, du hest es ge-won-ne e Ro-sen-chranz.

Ungarisches Lied — Hungarian Folk Song — Chanson hongroise

dt. Text: Jürgen Sonnenschein

Meg-fog-tam egy szú-nyo-got, na-gyobb volt egy ló-nál.
ki-sü-töt-tem a zsir-ját, több volt egy a kó-nál.
O-ben in dem Ap-fel-baum, sitzt ein di-cker Ra-be,
spielt Kla-vier, man glaubt es kaum, und frisst Scho-ko-la-de.

A-ki ez-tet el-hi-szi sza-ma-rabb a ló-nál. sza-ma-rabb a ló-nál.
Glaubt ihr denn, das könnt er nicht? Glaubt ihr, dass ich mo-gel?
Seht nur in dem Ap-fel-baum sitzt ein schlau-er Vo-gel.

24

Lied der Eskimos   Song of the Eskimos   Chanson des esquimaux

At - te kat - te nu - wa,   at - te kat - te nu - wa,   e - mi sa - de   mi - sa - du - la mi - sa de.   *Fine*

he - xa   ko - la   mi - sa   woa - te,   he - xa   ko - la   mi - sa   woa - te.   *D.C. al Fine*

Zeg Moeder, waar is Jan?

Niederlande/Netherlands/Pays-Bas
dt. Text: F. E.

„Zeg Moe-der, waar is Jan?"   „Daar gin-der, daar gin-der."   „Zeg Moe-der waar is Jan?"   „Daar gin-der   komt hij aan."
„Sag, Mut-ter,   wo   ist Jan?"   „Da hin-ten, da hin-ten."   „Sag, Mut-ter,   wo   ist Jan?"   „Da hin-ten, kommt er   an."

Din, don

Spanien/Spain/Espagne
dt. Text: F. E.

Din,   don din don dan,   cam-pa - ni - tas so-na - rán, din   don din don dan,   ya-los   ni-ños dor-mi - rán.
Din,   don din don don,   ruft die Glock mit hel-lem Ton, din   don din don don,   al - le Kin-der schla-fen schon.

25

Lieder mit 6 und mehr Tönen
Songs with 6 Notes or More · Chansons de 6 sons ou plus

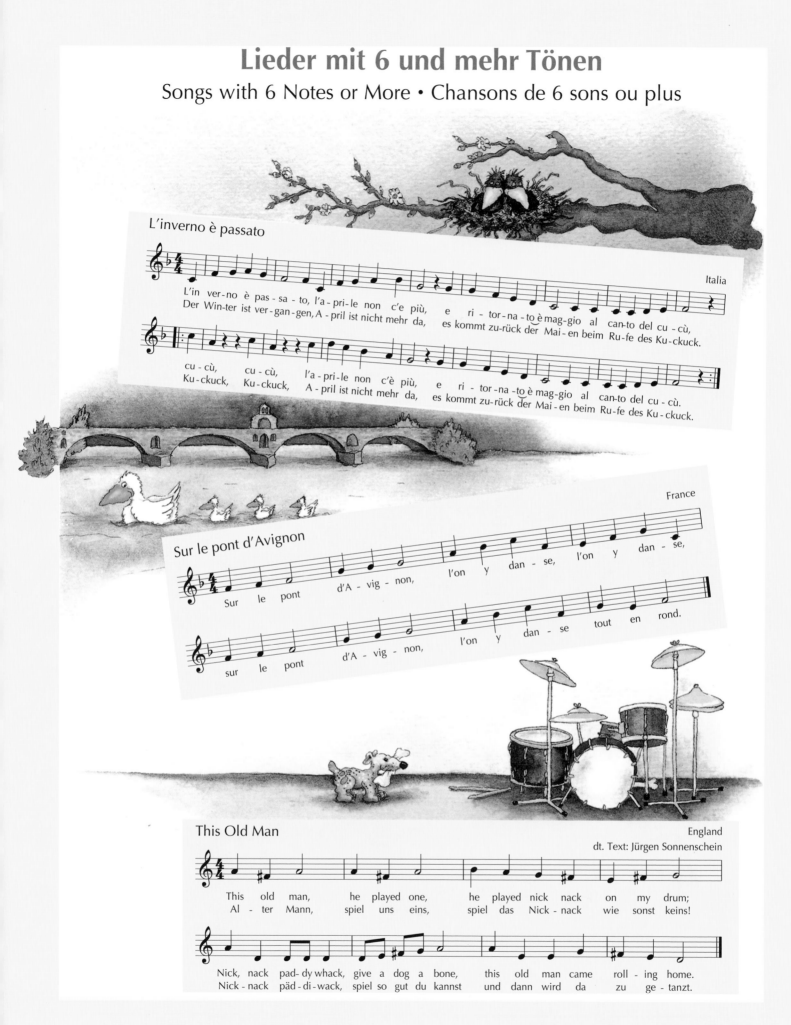

L'inverno è passato

Italia

L'in ver-no è pas-sa - to, l'a-pri-le non c'e più, e ri - tor-na-to è mag-gio al can-to del cu - cù,
Der Win-ter ist ver-gan-gen, A - pril ist nicht mehr da, es kommt zu-rück der Mai - en beim Ru-fe des Ku -ckuck.

cu - cù, cu - cù, l'a-pri-le non c'è più, e ri - tor-na-to è mag-gio al can-to del cu - cù.
Ku-ckuck, Ku-ckuck, A - pril ist nicht mehr da, es kommt zu-rück der Mai - en beim Ru-fe des Ku - ckuck.

Sur le pont d'Avignon

France

Sur le pont d'A - vig - non, l'on y dan - se, l'on y dan - se,
sur le pont d'A - vig - non, l'on y dan - se tout en rond.

This Old Man

England
dt. Text: Jürgen Sonnenschein

This old man, he played one, he played nick nack on my drum;
Al - ter Mann, spiel uns eins, spiel das Nick - nack wie sonst keins!

Nick, nack pad-dy whack, give a dog a bone, this old man came roll - ing home.
Nick-nack päd-di-wack, spiel so gut du kannst und dann wird da zu ge - tanzt.

26

Leichte Begleitung
Easy Accompaniment · Accompagnement facile

Merrily We Roll Along

Spiele alle Melodien auch mit der linken Hand
und die Begleitung mit der rechten.

Play all melodies with the left hand too,
and accompany with your right hand.

Joue toutes les mélodies aussi à la main gauche
et l'accompagnement à la main droite.

Girls and Boys

Ist ein Mann in' Brunn' gefallen

Gegenbewegung / Contrary motion / Mouvement contraire   Im Kanon / In canon / En canon

Winter ade

Deutschland

Little Bo - Peep

USA

J'ai du bon tabac

France

J'ai du bon ta - bac dans ma ta - ba - tiè - re, j'ai du bon ta -

bac, tu n'en au - ras pas.   J'en ai du fin et du bien ra - pé,
qui ne s'ra pas pour ton vi - lain - nez!

Fine   *D.C. al Fine*

*) Variante:

Ungarisches Lied Hungarian Folk Song Chanson hongroise

Gegenbewegung / Contrary motion / Mouvement contraire

Im Kanon / In canon / En canon

16

Begleitmodelle / Accompaniment patterns / Modèles d'accompagnement

a)   b)   c) 4 x   d)   etc.

auch mit Dreiklängen spielen
play also with triads
aussi avec des accords

Morgen kommt der Weihnachtsmann   Twinkle, Twinkle, Little Star   Ah! Vous dirai-je, maman

17

Variante

Spiel mit Noten
Playing from Printed Music • Jouer à partir du texte

Notennamen einsetzen
Insert the names of the notes
Mettre le nom des notes

Spiel mit 3 Fingern   Playing with 3 Fingers   Jouer avec 3 doigts

Kleine Melodie — Little Melody — Petite Mélodie

F. E.

Reigen — Round Dance — Ronde

F. E.

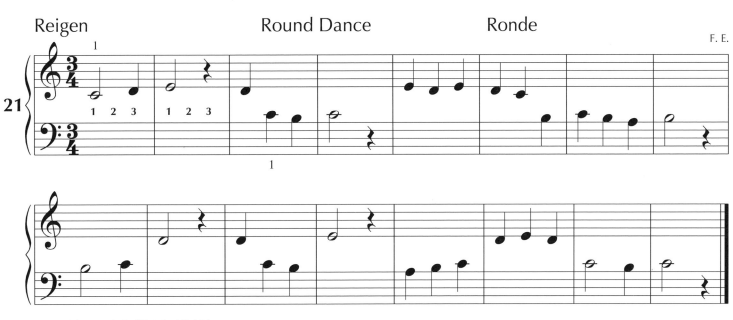

Zwei Rätsel
Two Puzzles · Deux devinettes

Rätsel No. 1
Die linke Hand antwortet
in der Gegenbewegung.

Puzzle No. 1
The left hand answers
in contrary motion.

Devinette No. 1
La main gauche répond
en mouvement contraire.

F. E.

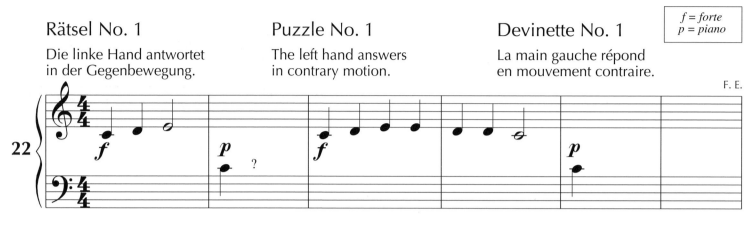

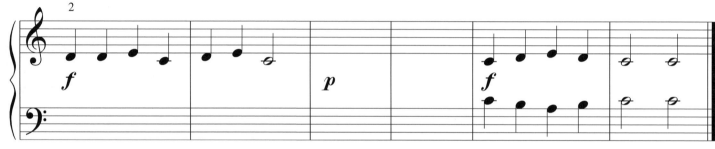

Rätsel No. 2
Die rechte Hand antwortet
in der Gegenbewegung.

Puzzle No. 2
The right hand answers
in contrary motion.

Devinette No. 2
La main droite répond en
mouvement contraire.

F. E.

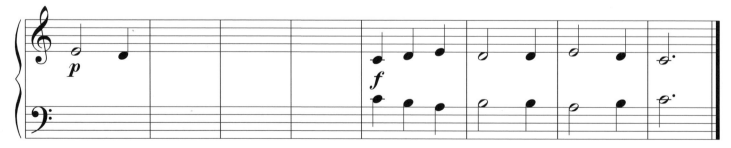

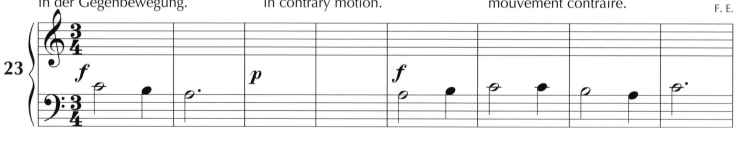

Erst spielen, dann aufschreiben.   Play it first, then write it down.   Jouer d'abord, écrire ensuite.

Kleines Duett   Little Duet   Petit duo

F. E.

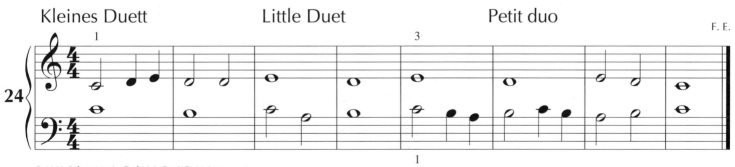

Spiel mit 5 Fingern

Playing with 5 Fingers • Jouer avec 5 doigts

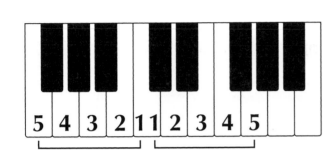

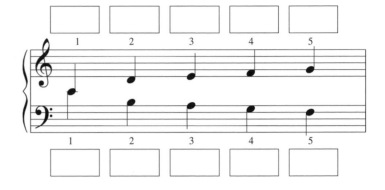

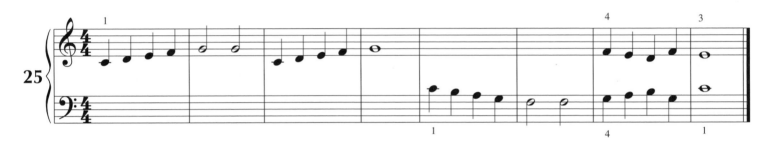

Die Schaukel   The Swing   La Balançoire

F. E.

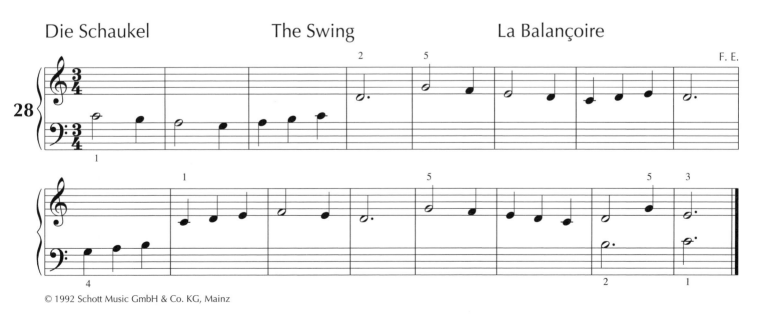

Fuchs, du hast die Gans gestohlen

Secondo
Vorspiel / Introduction

Deutschland

Fuchs, du hast die Gans gestohlen

Primo

1 Oktave höher / 1 octave higher / 1 octave plus haut

Deutschland

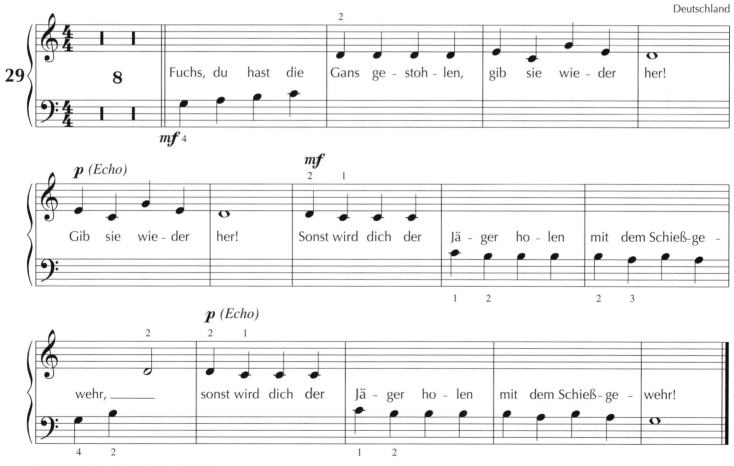

Swanee River
Secondo

USA
Arr.: Fritz Emonts

30

rit.　　　　a tempo

Weitere vierhändige Stücke im Fünftonraum: F. Emonts, Vierhändiges Spielbuch für den ersten Anfang, Schott ED 4793
More piano duets in the 5-note range: Fritz Emonts, First Piano Duets, Schott ED 4793
Autre pièces à 5 sons: Fritz Emonts, Pièces à quatre mains pour les tout dèbutants, Schott ED 4793

Swanee River

Primo

1 Oktave höher / 1 octave higher / 1 octave plus haut

USA

Hopp, hopp, hopp

Deutschland

31

Hopp, hopp, hopp! Pferd-chen lauf Ga - lopp! Ü - ber Stock und ü - ber Stei - ne,

a - ber brich dir nicht die Bei - ne. Hopp, hopp, hopp, hopp, hopp! Pferd-chen lauf Ga - lopp!

Wechselspiel   Interplay   Jeu alterné

F. E.

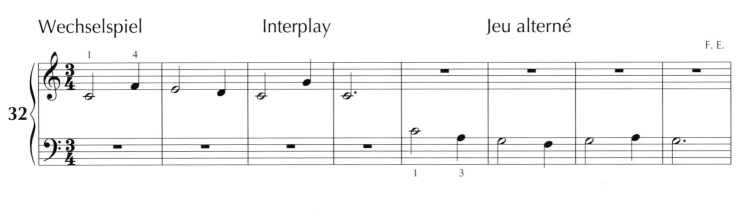

32

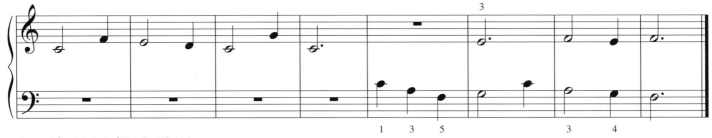

Sur le pont d'Avignon

France

Sur le pont d'A - vi - gnon, l'on y dan - se l'on y dan - se

Sur le pont d'A - vi - gnon, l'on y dan - se tout en rond.

Bewegung und Ruhe   Movement and Rest   Action et repos

F. E.

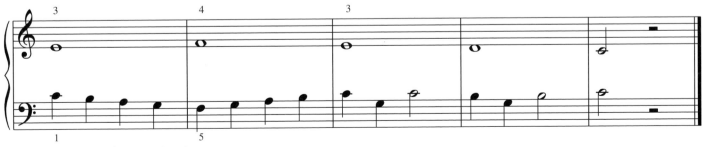

Bienenlied   Bumble-bee Song   Chanson de l'abeille

Vorspiel / Introduction

Deutschland

35

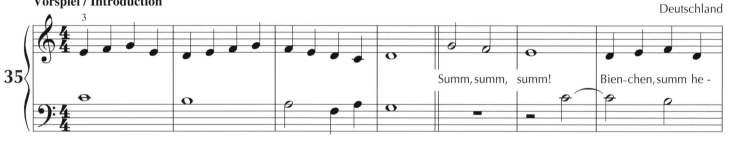

Summ, summ, summ! Bien-chen, summ he -

- rum! Ei, wir tun dir nichts zu - lei - de, flieg nur aus in Wald und Hei - de! Summ, summ,

Nachspiel / Coda

summ! Bien-chen, summ he - rum!

Nachhüpfen   Hopping Along   Bonds successifs

Kleiner Marsch   Little March   Petite marche

F. E.

Little Sally Waters

England

Kleiner Walzer   Little Waltz   Petite Valse

↓ = schwer ↑ = leicht   ↓ = heavy ↑ = light   ↓ = lourd ↑ = léger

© 1992 Schott Music GmbH & Co. KG, Mainz

Crescendo – Decrescendo

© 1992 Schott Music GmbH & Co. KG, Mainz

Menuett   Minuet   Menuet

F.E.

41

Die Glocken von Vendôme   The Bells of Vendôme   Carillon de Vendôme

Primo

r. H. 1 Oktave höher / r.h. 1 octave higher / m.d. 1 octave plus haut

France

42

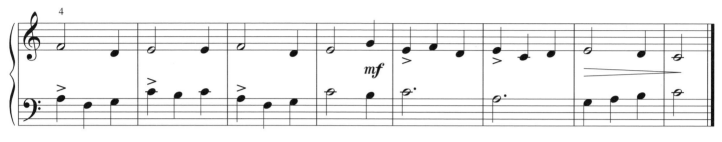

Mes a - mis, que res - te - t'il á ce Dau - phin si gen - til? Or - lé - ans,

Beau - gen - cy, No - tre Da - me de Clé - ry, Ven - dô - me, Ven - dô - me.

Secondo

4 x

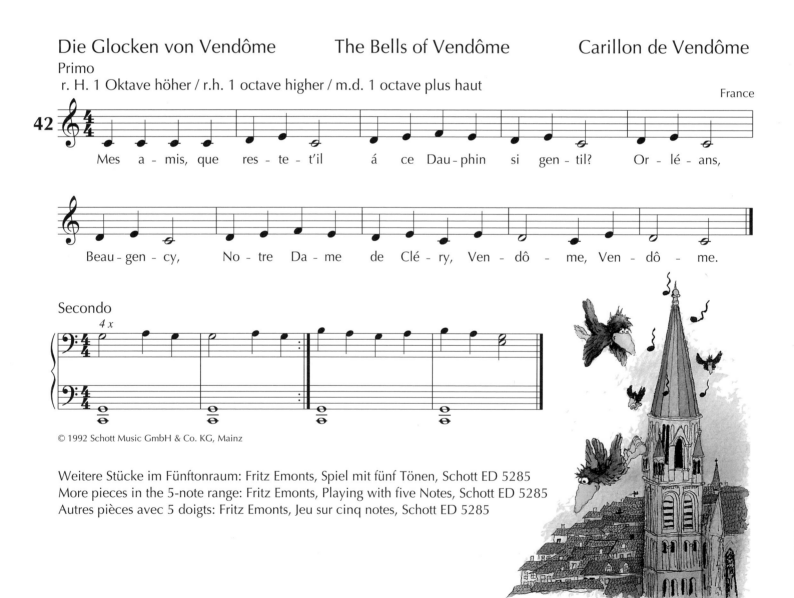

Weitere Stücke im Fünftonraum: Fritz Emonts, Spiel mit fünf Tönen, Schott ED 5285
More pieces in the 5-note range: Fritz Emonts, Playing with five Notes, Schott ED 5285
Autres pièces avec 5 doigts: Fritz Emonts, Jeu sur cinq notes, Schott ED 5285

Übungen

Nur einzeln

Exercises

Hands separately

Exercices

Mains séparées

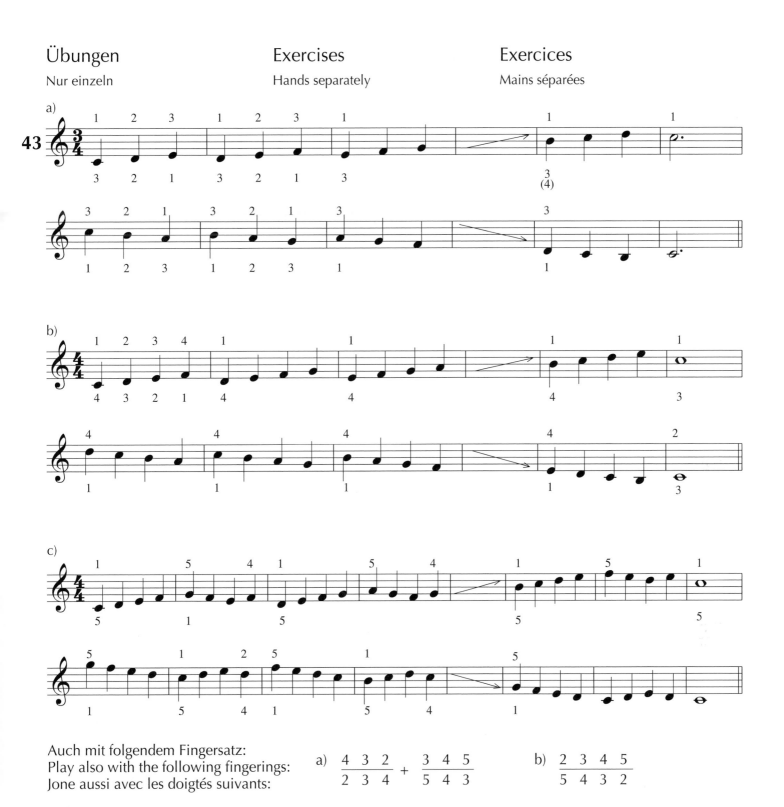

Auch mit folgendem Fingersatz:
Play also with the following fingerings:
Jone aussi avec les doigtés suivants:

a) $\dfrac{4 \quad 3 \quad 2}{2 \quad 3 \quad 4}$ + $\dfrac{3 \quad 4 \quad 5}{5 \quad 4 \quad 3}$

b) $\dfrac{2 \quad 3 \quad 4 \quad 5}{5 \quad 4 \quad 3 \quad 2}$

Zweck dieser Übungen ist:
- natürliches, unverkrampftes Spiel
- tonliche und rhythmische Gleich-mäßigkeit
- Anschlag mit runden Fingern ohne Einknicken der Gelenke

Alle Übungen auf mehrere Wochen verteilen und in andern Oktavlagen transponieren

These exercises are designed to encourage:
- natural, relaxed playing
- evenness of touch and rhythm
- playing with well-rounded fingers

These exercises should be spread over several weeks and should be transposed to different octaves.

Les buts de ces exercices sont:
- de jouier avec natural et sans raideur
- d'atteindre l'égalité sonore et rythmique
- de jouer avec des doigts bien ronds sans plier les articulations

Ces exercices doivent être répartis sur plusieurs semaines et transposés sur plusieurs octaves.

Spiel mit 5 Fingern in anderen Lagen
Playing with 5 Fingers in Different Parts of the Keyboard
Jouer avec 5 doigts dans différentes parties du clavier

Beide Hände auf F
Starting on F
Position de fa

♭ = einen halben Ton tiefer
= flat: one semitone lower
= bémol: un demi-ton plus bas

Die rechte Hand wandert
in einen anderen Tonraum:

The right hand moves
to a different position:

La main droite bouge vers
une position différente:

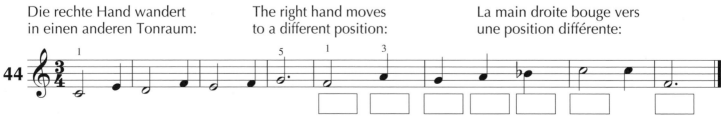

44

Melodie und Umkehrung   Melody and Inversion   Mélodie et inversion

a) unisono

Deutschland

45a

Ei - ne klei-ne Gei - ge möcht' ich ha - ben, ei - ne klei-ne Gei - ge hätt' ich gern.

b) Gegenbewegung   Contrary motion   Mouvement contraire

Secondo (ad lib.)

stacc.

Oh, When the Saints Go Marching In

Negro Spiritual

num-ber _____ oh, when the Saints go march – ing in. _____ in. _____

Ergänze die fehlenden Takte:
Fill in the empty bars:
Complète les mesures manquantes:

Die gleiche Melodie im Dreivierteltakt:
The same melody in three-four time:
La même mélodie dans une mesure à 3/4:

Tanzkanon
Linke Hand eine Oktave tiefer

Dancing Canon
Left hand one octave lower

Danse en canon
Main gauche une octave plus bas

Kommt, wir wol - len sin - gen, tan - zen, kommt, wir wol - len mu - si - ziern.

Begleitung:
Accompaniment:
Accompagnement:

Kanon I / Canon I

48a

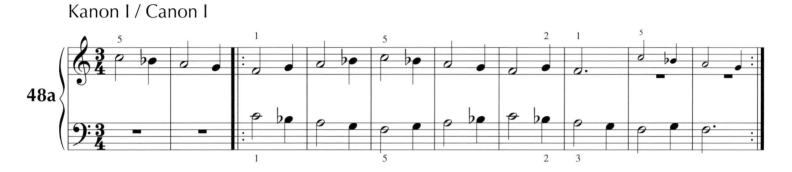

Kanon II / Canon II

48b

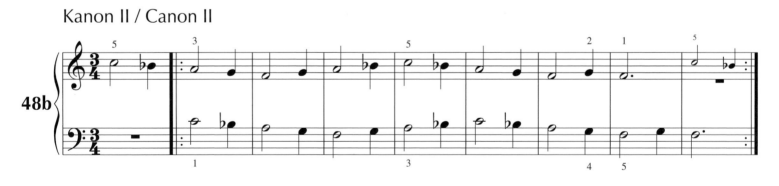

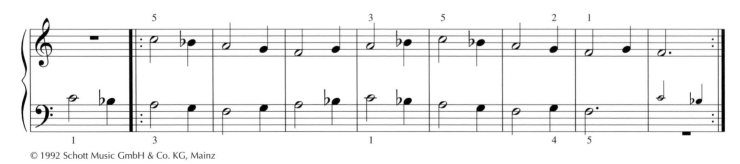

Walzer / Waltz / Valse

F. E.

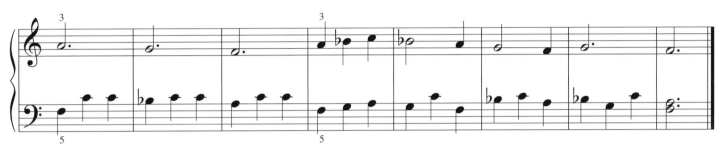

49

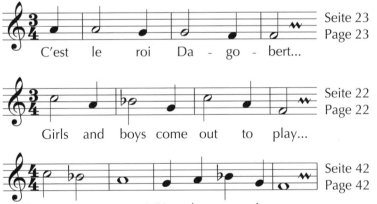

© 1992 Schott Music GmbH & Co. KG, Mainz

50 Spiele auswendig   Play from Memory   Joue de mémoire

Kannst du die Lieder auch aufschreiben?
Finde eigene Begleitungen.

Can you write the songs down too?
Make up your own accompaniment.

Peux-tu aussi écrire ces chansons?
Trouve un accompagnement appropié.

C'est le roi Da - go - bert...

Seite 23 / Page 23

Girls and boys come out to play...

Seite 22 / Page 22

Summ, summ, summ! Bien-chen summ he - rum...

Seite 42 / Page 42

Hänsel und Gretel

Deutschland

52

Hän - sel und Gre - tel ver - irr - ten sich im Wald.
Es war so dun - kel und bit - ter, bit - ter

1. kalt. Sie ka-men an ein

Häus - chen von Zu-cker-plätzchen fein: Wer mag der Herr wohl von die-sem Häuschen sein?

Anschlagübung mit Stützfinger

Touch Exercise with Supporting Finger

Exercices de poids avec doigt d'appui

53

Der 5. und 1. Finger werden nach-einander als Stützfinger benutzt, während die anderen Finger aus der Höhe kräftig anschlagen. Spiele die Übung auch mit der linken Hand (eine Oktave tiefer).

Four fingers of one hand are playing while the hand is supported by one finger. Either the fifth or first finger is used as a support, while the other fingers articulate, striking the keys firmly. Also practise this exercise with your left hand (one octave lower).

Les 1er et 5ème doigts sont utilisés l'un après l'autre comme doigts d'appui, tandis que les autres doigts tombent de haut avec force. Pratique cet exercice également avec ta main gauche (un octave plus bas).

Beide Hände auf C
Starting on C • Position de do

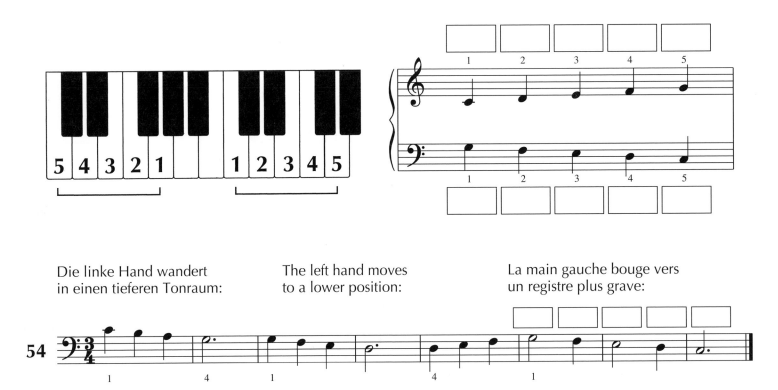

Die linke Hand wandert in einen tieferen Tonraum:

The left hand moves to a lower position:

La main gauche bouge vers un registre plus grave:

54

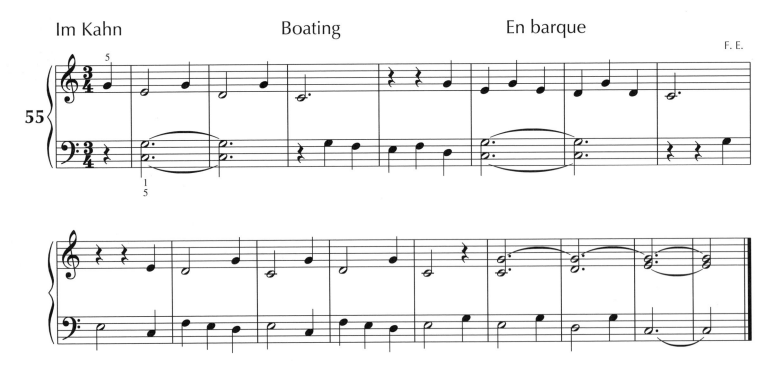

Im Kahn   Boating   En barque

F. E.

55

Merrily We Roll Along

England

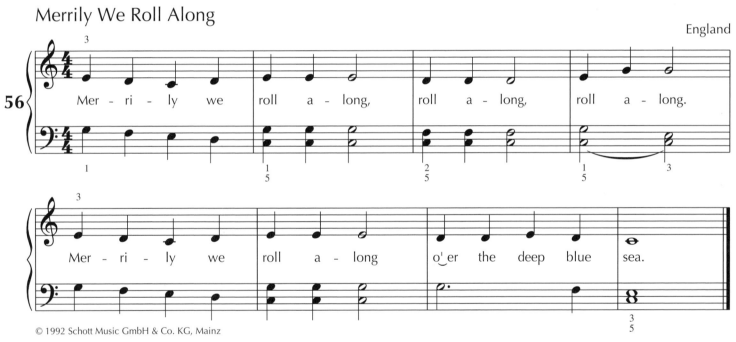

56

Mer – ri – ly we roll a – long, roll a – long, roll a – long.

Mer – ri – ly we roll a – long o'er the deep blue sea.

Übung / Exercise / Exercice

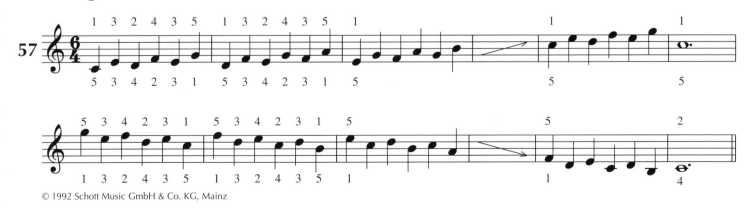

57

Dur und Moll

Major and Minor • Majeur et mineur

Hörst du zu? Listen Please! Ecoutes-tu?

F. E.

58

Das gleiche Stück in Moll The same piece in a minor key La même pièce en mineur

58a

Dur
major
majeur

Moll
minor
mineur

Spiele in Moll Play in a minor key Joue en mineur

59

Ei - ne klei - ne Gei - ge... Girls and boys come... J'ai du bon ta - bac...

Finde eigene Begleitungen Make up your own accompaniment Trouve un accompagnement approprié.

Alte spanische Melodie   Old Spanish Tune   Mélodie espagnole ancienne

Beide Hände auf D
Starting on D · Position de ré

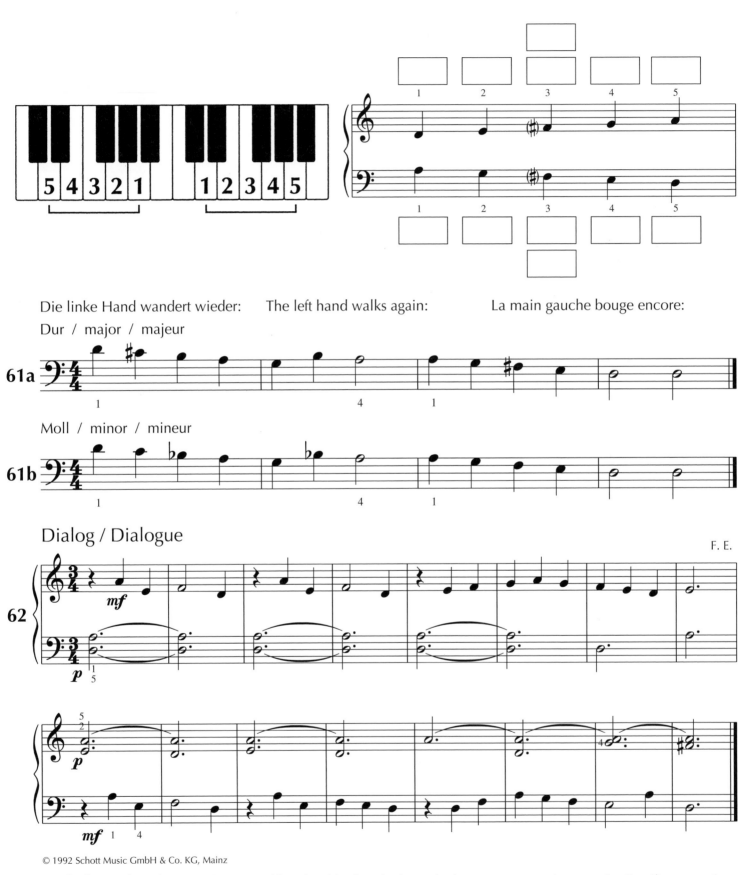

Die linke Hand wandert wieder: The left hand walks again: La main gauche bouge encore:

Dur / major / majeur

61a

Moll / minor / mineur

61b

Dialog / Dialogue

F. E.

62

Spiele das Stück auch in Dur.   Also play this piece in the major key.   Joue aussi cette pièce en majeur.

| Taktwechsel | Changing Time | Changement de mesure |

F. E.

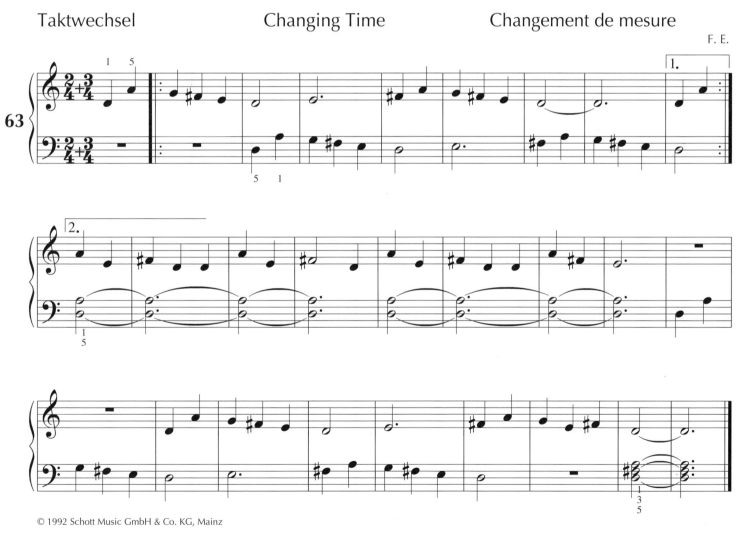

| Spiele das Stück auch in Moll. | Also play this piece in the minor key. | Joue aussi cette pièce en mineur. |

Achtelnoten

Quavers (eighth notes) · Croches

klatschen:
clap:
claquer:

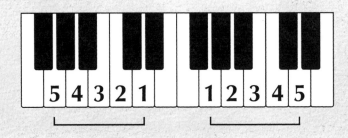

Beide Hände auf G

Starting on G · Position de sol

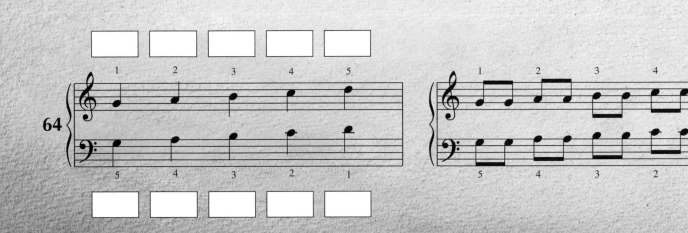

64

Gehen und Laufen　　　Walking and Running　　　Marcher et courir

F. E.

Geh' mit mir im Schritt!　　　Komme auch beim Laufen munter mit!

Mar – che bien au pas
Keep in step with me!

si cou-rir plusvite tu ne peux pas.
If you can-not hur-ry, let it be!

65

Hirtenlied   Shepherd's Song   Chanson de berger

Schlesien / Silesia / Silésie

Was soll das be- deu-ten? Es ta- get ja schon. Ich rum. Schaut nur da-
weiß wohl, es geht erst um Mitt-ter- nacht

-her! Schaut nur da- her! Wie glän-zen die Stern-lein je län- ger je mehr.

C'est le roi Dagobert

France

67

C'est le roi Da - go - bert qui met sa cu - lotte à l'en - vers; le grand
Dem Kö - nig Da - go - bert, dem sitzt sei - ne Ho - se ver - kehrt. Sankt E -

Saint E - loi lui dit: »Ô mon roi, vo - tre ma - je - sté est mal cu - lot - tée.« »C'est
- li - gius sprach: „Lie - ber Kö - nig, ach, Eu - re Ma - jes - tät trägt die Hos' ver - dreht!" Der

vrai,« lui dit le roi, »je vais la re - mettre à l'en - droit.« _____
Kö - nig sprach: „Wie dumm, da zieh' ich mich gleich wie - der um." _____

Vierhändiger Satz in: Fritz Emonts, Wir spielen vierhändig, Schott ED 4793
Arrangement for 4 hands in: Fritz Emonts, Let's play Duets, Schott ED 4793
Arrangement à quatre mains dans: Fritz Emonts, Nous jouons, à quatre mains, Schott ED 4793

Beide Hände auf A

Starting on A • Position de la

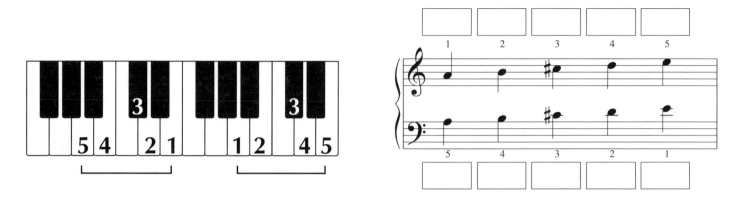

Beide Hände wandern in eine höhere Lage:	Both hands move to a higher position:	Les deux mains bougent vers un registre plus aigu:

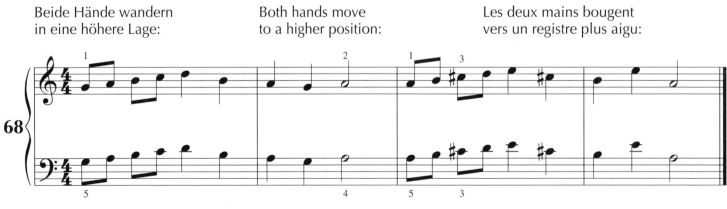

68

Wenn ich ein Vöglein wär' ♩. = ♩ + ♪

69

Wenn ich ein Vög – lein wär' und auch zwei Flü – gel hätt', flög' ich zu dir!

Da's a – ber nicht kann sein, da's a – ber nicht kann sein, bleib' ich all – hier.

*) übersetzen / pass over / passer

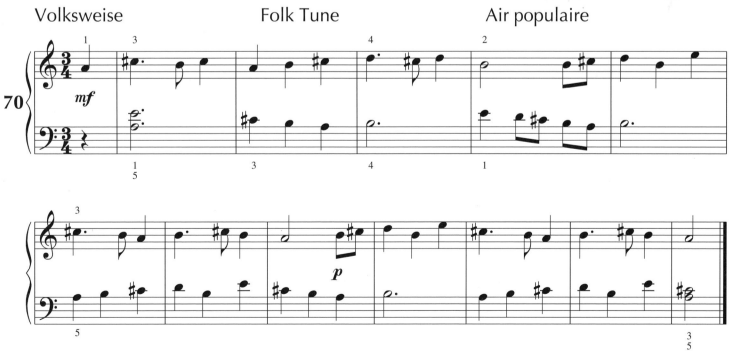

Volksweise   Folk Tune   Air populaire

70

mf

p

Tanzlied   Dancing Tune   Chanson à danser

France

71

Ausführung auch vierhändig:
Primo spielt die Melodie unisono
(rechts eine Oktave höher), Secondo
die Dudelsackquint und das mittlere
Liniensystem.

This piece may also be performed by
two players: Primo plays the melody in
unison (right hand one octave higher)
Secondo plays the drone fifth and the
part printed on the middle stave.

Peut être exécuté par également deux
joueurs: le premier joue la mélodie
à l'unisson (la main droite une octave
plus haut), le second joue la quinte
«vide» et la partie du milieu.

Niederländisches Seemannslied
Dutch Sailor's Song
Chanson de marin néerlandaise

Al die wil-len te ka-p'ren va-ren moe-ten man-nen met baer-den zijn.
Wer will mit uns auf Kaper-fahrt fahr'n, das müs-sen Män-ner mit Bär-ten sein.

Jan, Piet, Jo-ris en Cor-neel, die heb-ben baer-den, die heb-ben baer-den,
Jan und Hein und Klaas und Pit, die ha-ben Bär-te, die ha-ben Bär-te,

Jan, Piet, Jo-ris en Cor-neel, die heb-ben baer-den, zij va-ren mee.
Jan und Hein und Klaas und Pit, die ha-ben Bär-te, die fah-ren mit.

An dieser Stelle wird empfohlen, einige bereits bekannt Fünfton-Lieder in den Tonarten C, F G und A zu spielen: einzeln, unisono und eventuell mit einer leichten Begleitung (z. B. Bordun).

Here it is suggested that you play some five-note songs in the keys of C, F, G and A: with one hand alone with both hands in unison and, if possible, with an easy accompaniment (for example, a bourdon or bagpipe drone).

Nous recommandons ici de jouer plusieurs chansons connus de 5 sons dans les tonalités de do, fa, sol et la: d'une main, les deutx mains à l'unisson et, si possible, avec un accompagnement facile (par exemple un bourdon)

Wechsel der Fünftonlagen innerhalb eines Stückes
Changing the Hand Position Within the Same Piece
Changement de position des 5 doigts au sein d'une pièce

Spiele die folgenden Lieder einzeln mit der rechten und der linken Hand.

Begleite in der linken mit Grundton und Quinte, zum Beispiel:

Play the following songs with hands separately.

Accompany in the left hand with key note and fifth, e. g.:

Joue les chansons suivantes séparément à la main gauche et à la main droite.

A la main gauche, joue un accompagnement avec note fondamentale et quinte, par exemple:

Sur le pont d'Avignon

Sur le pont d'A - vig - non, l'on y dan - se, l'on y dan - se,
sur le pont d'A - vig - non, l'on y dan - se tout en rond.

Hopp, hopp, hopp

Hopp, hopp, hopp, Pferd-chen lauf Ga - lopp! Ü-ber Stock und ü - ber Stei - ne!

Seite 40 / Page 40

Swanee River

Way down up - on the Swan - ee Riv - er ___ far far a - way...

Seite 39 / Page 39

Fuchs, du hast die Gans gestohlen

Fuchs, du hast die Gans ge - stoh - len, gib sie wie - der her...

Seite 37 / Page 37

Michael Finnigin

73

There was an old man called Mich-ael Fin-ni-gin, he grew whis-kers on his chi-ni-gin, the

wind came up and blew them in - i - gin, poor old Mich-ael Fin - ni - gin.

Je suis un petit garçon

France

Fine

D.C. al Fine

2 Unisono-Stücke 2 Pieces in Unison 2 Pièces à l'unisson

Wiederholung / Repetition: r.H. 1 Oktave höher / 1 octave higher / 1 octave plus haut

F. E.

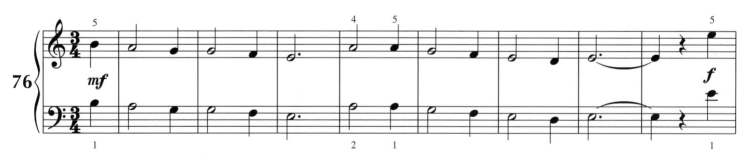

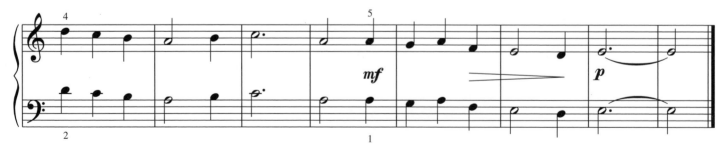

Walzer in Moll   Waltz in a Minor Key   Valse en mineur

Rainer Mohrs
*1953

Spiele das Stück auch mit vertauschten Händen:

Try exchanging hands:

Joue la pièce aussi en intervertissant les mains:

The Bells

Englisches Weihnachtslied
English Christmas Song
Chant de Noël anglais

78

1. x *p* The bells in the stee - ple are ___ ring - ing to - day!
2. x *f* I lis - ten and won - der, oh, ___ what do they say?

1. x *p* Come, Moth - er, come, Fath - er, how ___ sweet - ly they chime,
2. x *f* They tell all the peo - ple it's ___ glad Christ - mas time.

Spiele bei den Wiederholungen beide Hände eine Oktave höher.
Upon repetition, play an octave higher with both hands.
Dans les répétitions, joue les deux mains une octave plus haut.

Pfeifermarsch   March of the Pipers   Marche des siffleurs

F. E.

79

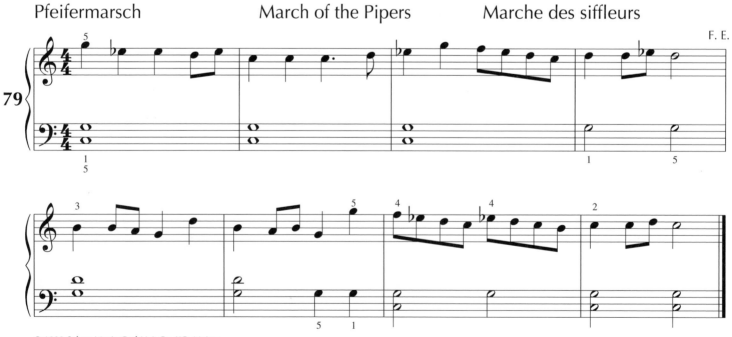

Etüde   Exercise   Exercice

F. E.

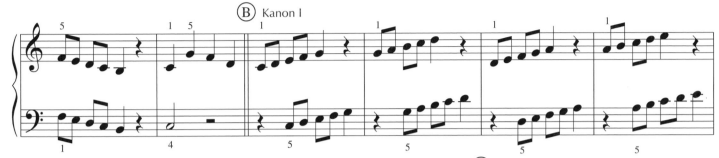

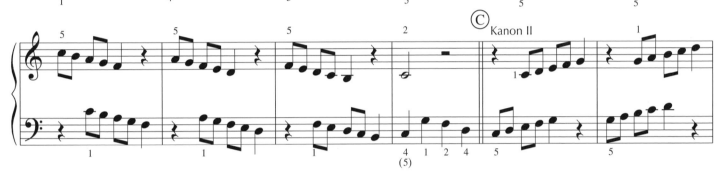

Nachlaufen   Catch Me If You Can   Attrape-moi si tu peux

Was mach' ich armes
Mädchen?

What Shall I do Poor
Little Girl?

Que fais - je, pauvre
petite fille?

Litauen / Lithuania / Lituanie

Legato – Staccato

Auf dem Klavier kann man gebunden und gestoßen spielen:
On the piano you can play smoothly or detached:
Sur le piano, on peut jouer lié et détaché:

Bei welchen Liedern passt besser legato, bei welchen besser staccato?
Which pieces are more suited to legato playing and which to staccato?
Quelles chansons vaut-il mieux jouer legato et lesquelles staccato?

Girls and Boys Come Out to Play

England

This Old Man

England

Der Kuckuck und der Esel

Deutschland

Winter ade

Deutschland

78

Le coq est mort

France

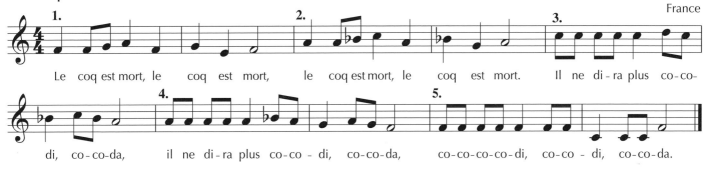

Le coq est mort, le coq est mort, le coq est mort, le coq est mort. Il ne di-ra plus co-co-di, co-co-da, il ne di-ra plus co-co-di, co-co-da, co-co-co-co-di, co-co-di, co-co-da.

Le petit navire

France

Il é-tait un pe-tit na-vi-re, il é-tait un pe-tit na-vi-re, qui n'a-vait ja-ja-ja-mais na-vi-gué, qui n'a-vait ja-ja-ja-mais na-vi-gué. O-hé! O-hé!

Au clair de la lune

France

Au clair de la lu-ne, mon a-mi Pier-rot, prê-te moi ta plu-me pour é-crire un mot! Ma chan-delle est mor-te, je n'ai plus de feu, ou-vre moi ta por-te pour l'a-mour de Dieu!

Finde selbst einen Fingersatz für beide Hände.

Find your own fingerings for both hands.

Essaie de doigtér toi-même (les deux mains).

Übung   Exercise   Exercice

83a

Übung   Exercise   Exercice

83b

1. beide Hände legato	1. both hands legato	1. les deux mains legato
2. beide Hände staccato	2. both hands staccato	2. les deux mains staccato
3. eine Hand legato, die andere staccato (und umgekehrt)	3. one hand legato; one hand staccato (and vice versa)	3. une main legato; une main staccato et vice-versa

Moderato

Béla Bartók
1881 – 1945

84

Aus / from / de: Bartók, Die erste Zeit am Klavier / The first term at the piano

Der Kuckuck und der Esel / The Cuckoo and the Donkey / Le coucou et l'âne

Karl Friedrich Zelter
1758 - 1832
Arr.: F. E.

85

Der Ku - ckuck und der E - sel, die hat - ten gro - ßen Streit, wer wohl am bes - ten sän - ge, wer wohl am bes - ten sän - ge, zur schö - nen Mai - en - zeit, zur schö - nen Mai - en - zeit.

Die Tiroler sind lustig / The Tyroleans are Merry / Les tyroliens sont joyeux

Österreich / Austria / Autriche

86

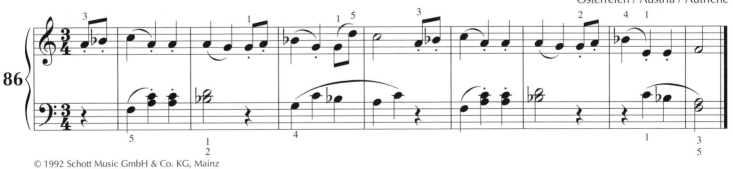

Die Karawane zieht vorbei   Here Comes the Caravan   Défilé de la caravane

Rainer Mohrs

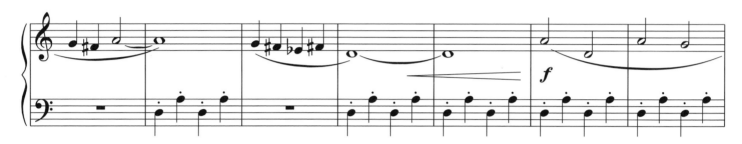

Der Schlangenbeschwörer   The Snake Charmer   Le charmeur de serpents

G. Frank Humbert
1892 - 1958

Aus / from / de: G. Frank Humbert, Zauberstunden / Heures magiques, Schott ED 2379

Ganz orientalisch: rechte Hand spielt immer es und fis
In oriental style: right hand plays E flat and F sharp throughout
Style oriental: main droite toujours mi bémol et fa dièse

Scherzo

Secondo

Henk Badings
1907 - 1987

Aus / from / de: Henk Badings, Arcadia, Heft / Volume 5, Schott ED 4180

Scherzo

Primo

Henk Badings
1907 - 1987

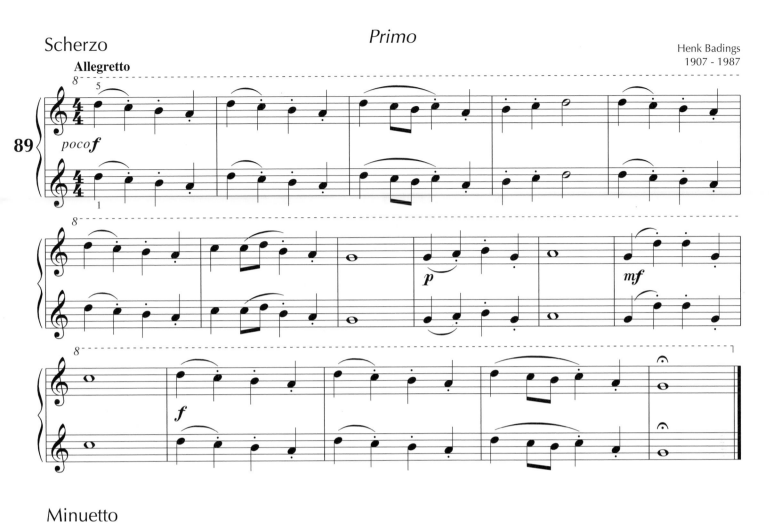

Minuetto

Henk Badings

Aus / from / de: Henk Badings, Arcadia, Heft 5 / Volume 5, Schott ED 4180

Tango

F. E.

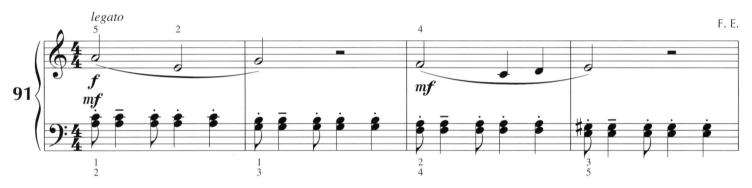

91

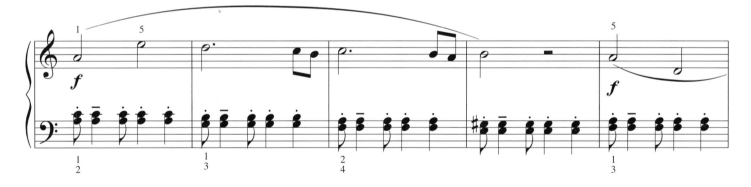

Ode an die Freude   Ode to Joy   Ode à la joie

Ludwig van Beethoven
1770 - 1827
Arr.: Fritz Emonts

aus der 9. Sinfonie / from Symphony No. 9 / de la 9ᵉ Symphonie

Liedverzeichnis
Index of Songs
Table des matières des chansons